Versos para leer
desde la trinchera

Versos para leer desde la trinchera

Chaco de la Pitoreta

©   Editorial Casa San Ignacio
       Apartado Postal N° 10
       Teléfonos: (504) 2647 4227
       Fax: (504) 2647 0907
       El Progreso, Yoro, Honduras

ISBN: 978-99926-739-2-8

Primera edición: noviembre de 2012

Diseño e impresión:
Editorial Guaymuras

Ilustración de portada: fragmento de la obra muralística *El Grito de los Excluidos, Cotacachi* (1999) del artista ecuatoriano Pavel Égüez, en http://www.paveleguez.com/espanol/grito.htm.

Diseño de portada:
Marianela González

Versos para trincheras
de abrazos y ternuras

Héctor y yo compartimos en la misma sala de cine, y con los mismos amigos, el estreno de una película salvadoreña: *El lugar más pequeño*. Una mirada de sobrevivientes desde los vestigios de la guerra que pasó. "Las heridas de la guerra nunca se cierran", escuchamos decir a uno de los sobrevivientes, y se lo escuchamos decir también a la directora de la película.

Héctor Flores, el Chaco, es todavía muy joven, pero ya se cuenta entre los sobrevivientes de la interminable guerra del Aguán. Leyendo sus versos, me pareció descubrirlo entre las trincheras de su poesía para protegerse de la ingratitud de lo que sigue ocurriendo en ese terruño hondureño que una vez fue capital de los escondites de forajidos, otra vez fue capital de la reforma agraria, capital del narcotráfico y sigue siendo capital de sangre derramada.

Héctor, nuestro querido Chaco, es testigo de primera línea entre todas estas trincheras de angustia, terror y muerte. Nacía cuando crecía la palma africana, crecía cuando nacía el derroche del dinero fácil y rápido, y maduraba cuando crecían los corredores subterráneos del narcotráfico y cuando las tierras pasaban de manos de los campesinos a concentrarse en manos de unos cuantos agroindustriales.

En los versos de Héctor Flores la historia reciente del Aguán se transforma en poesía. No es una poesía para los prudentes ni para recitarse entre los neutrales. Es "poesía para el pobre, poesía necesaria, como el pan de cada día", como nos recuerda el poeta Gabriel Celaya. Son versos de la resistencia cotidiana por la vida, capaz de desestabilizar a quienes se incrustan incluso en la poesía de la resistencia acomodada.

Aquí están los versos de Héctor Flores que arrastran la angustia y la vida de mucho pueblo del Aguán. Y arrastra la vida misma de Héctor, el Chaco de los sumergidos barrios de la Tocoa inexplicable. Con sus enormes heridas de otro tiempo ingrato, Héctor, el Chaco, nos abre la mirada para identificarnos con las sangrantes heridas del Aguán de nuestros días.

Estos versos se insertan en un "pequeño lugar" de la geografía hondureña. Es la vida misma de Chaco la que uno puede recitar en sus versos. Y en sus versos podemos recitar nuestras propias vidas, todos aquellos que alguna vez pisamos y respiramos esa tierra del Aguán. Es la vida de Chaco, y es la vida de aquella muchachada de las dos últimas décadas de un siglo que se fue; y son los versos de las vidas ingratamente atrapadas en las trincheras de una guerra agraria salpicada de política, narcos y traidores.

Los versos de Chaco no son de las trincheras de la muerte, porque no nacen de odios ni de balas, ni nacen para defenderse ni para aniquilar. Nacen en resistencia a la muerte y a la barbarie, y nacen para disparar auroras y solidaridades. Son versos que se erigen desde las trincheras de la paz y la ternura. Son los versos de las trincheras de abrazos y de voces, de cantos y de amores compartidos.

Los versos de Chaco arrasan con las trincheras de la guerra, y erigen las auténticas trincheras de cantos eternamente abiertos a la vida y a la paz que nos hermanan en una tierra donde nadie sobra ni nadie estorba, porque en el corazón de los versos de Chaquito caben todas las miradas y todas las complicidades.

Y esta complicidad es con la que nos inunda Chaco con la irrupción de su poesía. Y nos convoca para que con nuestros brazos construyamos en el Aguán la trinchera de poesía y lucha que acabe para siempre con la ignominia, y emerja merecedor de una tierra nueva, donde se cante la poesía de una paz que dura eternamente.

PADRE MELO

La primera trinchera

Porque la tierra nos pertenece,
lucharemos hasta el final.

Campesino soy

Soy un campesino no soy un asesino,
yo trabajo la tierra
no practico el arte de la guerra.

Tengo veinticinco casquillos
todos con nombres y apellidos.
van colocados en mi bolsillo
como recuerdo de los que han caído.
En la lucha por la tierra,
su sangre han derramado
con balas oficiales
que el mismo pueblo ha pagado.
Un soldado la dispara
pero un poderoso rico lo ha ordenado.

Somos campesinos, sabemos de la luna,
del invierno y de la postrera.
Nos levantamos antes del sol
y hasta que se pone descansa nuestro
machete.
Producimos la tierra no la esclavizamos,
sembramos la tierra no la asesinamos.

Soy un campesino
no soy un asesino,
yo trabajo la tierra
no practico el arte de la guerra.

Somos campesinos.
Ni narcotraficantes,
ni delincuentes,
ni guerrilleros,
ni comunistas,
ni bandoleros,
ni pandilleros,
ni políticos, ni afines.
Somos del campo,
del pueblo, pueblo que toma agua de
charco
y no le corre por las venas
la sangre de Gustavo Álvarez Martínez.

No somos solo el Aguán,
nuestros callos en toda Honduras están.
Desde el norte hasta el sur,
del oriente al occidente
por donde quiera que haya tierra para
trabajar.
Nuestras manos son sus tortillas,
sus frijoles y su pan…
somos, quizá, sencillos
mas no por eso de esta tierra el mal.

Reclamamos una tierra
que es derecho ancestral

y que un turco hijo de puta
nos quiere arrebatar.

No tenemos un arma para darnos el valor,
pero sí muchos hijos
para no sentir dolor
cuando la bala traza nuestro destino.
No venimos con chalecos,
ni tanquetas, ni armaduras,
solo traemos en el pecho el nombre de
Josué uno de los tantos campesinos
víctimas de la tiranía y de Facussé.

Soy un campesino
no soy un asesino,
yo trabajo la tierra
no practico el arte de la guerra.

Soy de un pueblo indignado
por el terror que nos causa el Estado,
que viene con sus aviones,
sus ak47 y sus m1.
Soy del pueblo que, aunque asustado,
sabe que su lucha no ha terminado,
que prefiere un invierno ensangrentado
que de su tierra ser desterrado.
Ellos vienen con sus m1
pero nosotros somos más que uno.

En la covacha donde duermo
hay por luz un simple candil,

con el que se alumbran mis criaturas
y costura mis pantalones la compañera.
Porque a la mañana siguiente
después de que se larguen los militares,
volveremos a esa carretera asfaltada

para seguir la lucha,
pues en ella nuestra bandera ha sido alzada
y hemos construido nuestras barricadas.

Soy un campesino
no soy un asesino,
yo trabajo la tierra
no practico el arte de la guerra.

Desmilitaricemos

Estas calles eran mías
y tu camuflaje asesino me las arrebata.
Ahora no puedo andarlas
y los pies de los niños descalzos no corren
tras la pelota de plástico
porque las balas tuyas corren tras ellos.

Tocoa era de todos antes de que ustedes
vinieran
antes de que llegaran sus palmas envenenadas
sus guerras drogadas
y sicarios estatales.

La gente de tu gente era mi gente
y la palabra era primera que la bala.
Ahora no puedo hablar para expresar lo
que siento
porque la pólvora de tus cartuchos habla
más fuerte que mi esperanza.

El Aguán fue mi tierra, era mi presente
y ahora es mi lucha.
En las corrientes del río arremeten
torrentes de sangre

y sacuden las piedras los huesos de los
compañeros.

Ahora escasean en las escuelas los libros
y florecen en los jardines
los proyectiles de las ak 47.

El Aguán se viste con tus camuflajes
mientras yo busco emerger de tu verde
ensangrentado.
Emerger con el canto de la esperanza
con las ganas de vivir
y ese grito en las paredes
pidiendo la desmilitarización.

Dónde estás, Libertad

Oigo gritos llamándote
desde lejos, en la bruma mañanera
y con las botas llenas de lodo, los oigo.

¿Dónde estás, libertad prometida?

Los tengo retumbándome,
resoplando como el pulmón de la
montaña
y espantándose las moscas cual cola de
caballo.
Por qué no se van opresores asesinos,
hombres de verde
corruptores de la esperanza
enemigos de la vida
y hablantes de la muerte
¡por qué no salen de mi tierra!
militares asesinos
enemigos del Aguán
enemigos de la libertad.

¡Libertad!
¿Dónde estás?

Tengo gritos como lamentos
arremetiéndome el subconsciente
atacando mi indiferencia
y exigiéndome entregas infinitas.
Son las voces silenciadas por las balas
los testimonios de las palmas testigos
de las muertes que provocan esos
hombres de fatiga.

Llevo gritos contenidos
atronándome el pecho
y apurando la garganta.
Son llamas incendiarias
malayos en la bellota degollada
siniestros de los muertos sin destino.

¿Dónde estás?
Qué ha sido de vos libertad capturada,
por qué no corres con mis hermanitos de
La Pitoreta
tras la tierra ensangrentada
que agoniza lentamente detrás de las
alambradas.

Libertad herida

Tengo el mundo partido
y el corazón fraccionado en sus partes,
lucho por volverlo uno,
porque América vuelva a ser la tierra de
todos
y porque entre ese todo pueda yo tener un
poco de tu exclusividad...
libertad,
libertad,
libertad.

Guardo un fusil disparado a quemarropa
los cartuchos recogidos
y las ropas perforadas
que me recuerdan a los caídos de mi
pueblo.

Llevo el amor partido
la vida dividida
y la esperanza reducida a intentos.
Voy con la mirada confusa
enarbolando banderas lejanas
y enamorándome del rojo libertario
que reviste las luchas de mis conquistas.

Vengo por esta América idealizada
que no es otra que la extensión de mi
Pitoreta
persiguiendo utopías clandestinas.
Vago en sus calles,
por sus memorias,
entre sus nostalgias.
Voy con el corazón fraccionado
ofreciendo mi sangre incipiente
para crear la algamaza que una de nuevo
esta América
que por ahora no es de todos.

Vivir en el Aguán

Quiero vivir,
saber que respiro
que mis pies siempre van
y que mis manos son alas...
Quiero vivir sabiendo que los otros viven
y que en el Aguán,
esa tierra bendita que Facussé y sus
secuaces nos han robado,
los campesinos viven conmigo...

Quiero ver cómo florece la tierra
entender el verde en sus hojas
y el rojo de la sangre derramada.

Quiero ver las aguas de sus ríos
y las lágrimas del llanto derramado
yendo camino abajo,
por el mismo cauce,
con el mismo dolor.

Quiero quedarme varado en el desarrollo
porque me gusta el mundo que habito
y este modelo lo amenaza.

Quiero jugar a la ruleta rusa con la suerte
y saber que perdiendo ganan mis
hermanos.
Esos que me vieron nacer,
que vi crecer
y que ahora mueren por la bala impune de
este sistema,
sus armas
y la ceguera de la justicia injusta que nos
rige.

Ese lugar

Busco para vivir en estos días que me
quedan
un mundo donde pueda abrir el libro de
versos que aquellos me regalaron
y me sobren aviones de papel
para exiliar las pesadillas actuales
que me deja este sistema asesino que
devora.

Lo quiero sin las manchas de sangre que
dejan mis hermanos en el Aguán
sin las carreras de la muerte en sus
palmeras
y si fuera posible sin la tiranía de Facussé
y sus manos de intestino.

Busco un lugar para rencontrar la vida,
para releer a mis compas
y atragantarme el café de tres noches que
sobrevive en la cafetera.
quiero ese lugar allá en Tocoa,
como la Tocoa de los noventa que no era
de la coca
y tampoco estaba en venta.

Quiero un lugar para leer poesía,
cantarle a la vida
beberme a mis amigos
y atragantarme de su alegría.
Quiero un lugar en la Tocoa,
en esa calle de La Pitoreta
de donde sale este canto…
uno que no sea este donde se fuga la
esperanza y reina la espoleta.

Busco para vivir mis últimos días
un lugar donde ser lo que quiero
sea el punto de partida
para que los otros
sean lo que quieren.

Al machete

Vos me ayudaste a despejar la zarza,
a rebanar el camalote
y desterrar la enramada que reposaba
sobre la tierra
donde plantaría la semilla.

Me diste las posibilidades de cazar para la
cena,
cortar la leña para el fuego
y ahuyentar los coyotes que acechan en las
noches con y sin luna.

Vos me diste la gallardía suficiente para
enfrentar al enemigo,
al que dice que soy asesino cuando soy el
que muere.
Vos me diste tu filo, mellado por las
piedras, para que cortara las raíces que
siembra la desesperanza.

No sos mi arma para la guerra,
sos el brazo con el que toco la panza de la
tierra, que es mi violín.
No sos la amenaza para los otros,

sos el hierro con el que corto la maleza y
planto la posibilidad de una cosecha
solidaria.
No sos lo que ellos dicen,
sos lo que me das para llevar a los que me
esperan.

Sos mi compañero…

Sos mi hermano…

Sos mi machete…

La masacre

No fue un enfrentamiento,
fue una masacre.
Ellos llevaban las armas
y nosotros los proyectiles incrustados en
el cuero.

Fueron los paras del sanguinario Facussé,
doscientos, quizás más,
armados para la guerra,
mentalizados para matar,
nos siguieron entre palmeras
y a los que alcanzaron hicieron caer.
Ellos vinieron a matar,
traían la orden de disparar.

Fue una masacre.
Nos dispararon a matar
y la policía, como siempre,
dice que las armas con nosotros están.
Ellos ponen las balas,
nosotros ponemos los muertos.
Ellos quedan impunes,
los nuestros en el cementerio
o en las cárceles están.

Llegaron al amanecer,
con sus ropas de muerte
y su grito detonador…
es el sanguinario terrateniente,
su voraz apetito por matar
y unos cuantos perros serviles
que recogiendo sus migajas van…
esos nos quieren erradicar.

Pero somos tantos los compañeros,
como tanto es el dolor que aguantamos,
que más temprano que tarde
nuestros callos las balas detendrán.

Tumbador

Tumbador es el suelo donde se tumba al
trabajador,
al que quiere amar la tierra
y hacerla parir amor.

Es la manzana de la discordia
de un gobierno inquisidor
que está buscando soluciones
en la boca del cardenal,
otro voraz emisario del imperialismo y su
capital.

Tumbador por excelencia
es tierra de dolor.
Fue cuartel y guarida del gringo torturador
que en los ochenta vino a sembrar terror.
Hoy es zona para sembrar palmas
y cuerpos por doquier
con la venia del Estado
y la bendición del purpurado.
No me extraña que el próximo 28 de junio
le den a Dios golpe de Estado.

Tumbador es la huella,
es la esperanza y la escuela.
Ahí caerá el imperialismo,
su ambición y su estructura…
la haremos reforma agraria
o agraria reformada
por donde ha de comenzar
esta nueva Honduras soñada.

Media suerte

Compañero,
hoy tu camisa viene empapada de sudor y
me alegro,
porque la camisa del compañero Teodoro
llegó teñida de sangre.

Me alegra ver que vienes con las botas
embarradas de lodo,
de barro y con mozote los pantalones
porque a la ranchita de la compañera
hoy no le llegó ni el lodo,
ni el barro de las botas de Ignacio
y en vez de mozote en su ropa
llevaba perforaciones de bala.

Déjame que te caliente el café
y las tortillas
que te ponga en esa hojita de almendro
un poco de sal
para que les hagas compañía.
Déjame hacerlo con onda alegría,
compañero mío,
porque en la casita de al lado
la compañera intenta calentar las mejillas
de Ciriaco
con sus manos desesperadas
y sin el poder de la resurrección,

mientras sus hijos inocentes
se comen la tortilla sin sal,
pues por ella han matado al compañero.

Ponte a descansar,
deja que repose el machete
y que la maleza no te nuble por un rato los
pensamientos.
Yo sé que sufres recordando a Raúl
con su entereza, su nobleza en el trabajo
y el convencimiento de hacer por los otros
lo que todavía no había conseguido para sí
mismo.
Sufres viéndole tirado,
desgarrado por las balas
y mancillado en la memoria
por los otros que nos vamos quedando
mudos.

Andate a la hamaca compañero
y mece en ella tus sueños y los míos.
Deja sonar las canciones del viento
que han de ser mañana las que me den
fuerza
si me toca llevarte en brazos a otro suelo.
Bien sabe la patria que lloraré ríos y mares,
pero de estas tierras
no nos saca Facussé, Oscar Álvarez, sus
polis y menos sus paramilitares.

Descansa tranquilo,
no pienses en mañana,
que en esta tierra eso es incierto
y si no que lo diga la mujer del compañero
José Luis Sauceda Pastrana.

Vuelvo

Vuelvo a vos con las manos llenas de
esperanza
con el corazón agitado
y el pecho atronando la metralla
que se pierde entre las palmeras.

Vengo a vos bendita tierra del Aguán
con las ganas de cambiar el verde asesino
que te viste
por el rojo libertario de mis ideales
con el sabor amargo de la muerte en el
paladar
y en las manos un palo dispuesto para dar.

Vuelvo de esa calle en la Pitoreta
donde hice la trinchera que protege las
utopías
y escribo, sobre el polvo, el plan para el
rescate…
vuelvo con el atronar de tu insomnio
rebotando en este modernismo ofensivo
que intenta doblegar la tradición de tu
tierra.

Vuelvo a tu guerra, mi guerra
a tu muerte, mi muerte
y a tu lucha, mi lucha.
Vuelvo, Aguán de mis ancestros
a traerte la libertad arrebatada
y a levantar en tu nombre
esta nueva barricada,
la del amor y la vida
como la opción sentenciada…

AGUÁN-ta pueblo
AGUÁN-ta tierra
AGUÁN-ta Aguán

Un nuevo sol se asoma en el horizonte.

Credo a la otra justicia

Creo en la justicia de mi país de la misma
manera que en dios,
es decir, confundido entre lo legal y justo
maniatado entre lo mágico y lo real
empapelada y encuadernada en vez de
hecha verbo.

Creo en la justicia porque creo que hay
que creer
porque mis relaciones no me las dicta un
código
y mis luchas no las restringe un fusil
creo en la justicia porque en mi país es mi
lucha
es decir, mi condimento diario.

Creo en la justicia porque me la enseñaron
igual que como me enseñaron la fe.
Creo porque solo con fe soporta mi
conciencia
el que habiendo tanta legalidad,
lo justo se pudra en cárceles de mentiras
vigiladas por justificados corruptos.

Creo en la justicia de abajo
en los de abajo.
Creo en la capacidad de los pueblos de
autonombrase,
en la ciudadanía de las mujeres
y la lapidaria autonomía de la masculinidad
que tiene que romperse
porque, aunque el sistema la legalice,
es más inmoral e injusta que la justicia de
los de arriba.

Creo en la justicia de los de abajo
porque los de arriba, en su afán de poder,
me enseñaron que la de ellos no es la mía
y esta que asumo solo se concibe con los
de abajo.
Creo en la justicia de La Pitoreta,
en la legalidad de su palabra.
Creo en los títulos de tierra de mis compas
y comas del Aguán
que valen más que los de Facussé y este
imperio animal.

Eres mujer más que un día

Eres mucho más que un día,
más que las horas que lo Aguántan
y que los minutos que lo definen.

Más que esos segundos que se mueren sin
remedio
y a veces sin haber vivido
y sabes de antemano que de ser un día
te prefiero martes.

Eres mujer porque me llevas una vida por
delante
porque no tengo altura en las alas
ni suelo en los pies
que no sea concebido por vos.

Eres mujer y construyes otra patria,
otro Aguán,
la otra pitoreta.

Eres mujer de llanto y risa
mujer sin padre,
sin esposo,
sin hermanos,

sin hijos,
sin tierra.
Mujer que se pierde en las palmeras
y se desgarra en la mano violenta del
cazador deshumanizado que produce la
cocaísima.

Mujer que muere sin la esperanza de la
resurrección,
pero vive eternamente entre el salvajismo
de los hombres,
vives en la esperanza de que te miremos
distinto.

Eres mujer por todas y entre todas las de
La Pitoreta,
ojalá mis manos sean apoyo
te ayuden a construirte esa gran MATRIA
que sigas luchando.

Eres mujer del mundo,
de la Pitoreta,
del Aguán…

Benditas ustedes que parieron la idea
rebelde de esta raza que se hace libre...

Esta navidad

Vivo una navidad entre palmeras...
corriendo al ritmo de las balas asesinas,
al trote de los paramilitares de Facussé
y la venia del ministro de seguridad.
La vivo al ritmo del imperio,
con luces y truenos de pólvora
capaces de romper mi cuerpo
y pintar de rojo el verde de las sabanas.

Vivo una navidad adinerada,
donde mi pobreza es complejo
y mi hambre delito.
No tengo los pesos para pagar la tierra
ni las tortillas para llenar la panza.
Tengo una navidad
donde la hoguera no calienta tamales
ni tostadas
solo las pieles desnudas
de los enfriados por las balas.

Vivo esta navidad limitada en bienes,
pero con el corazón hinchado.
Lleno de sangre y esperanza,
capaz de galopar cien años

y morir cien veces.
La vivo convencido de que es tiempo de
nacer de nuevo...
como otra América,
otra Honduras
y otra realidad.
Entre los campesinos de mi pueblo,
con mis hermanos y hermanas en el bajo
Aguán,
sumergido en la espesura de zacate grande
y en la explanada de la calle,
esa calle de La Pitoreta,
donde germina la semilla que dará el árbol
liberado
y donde hemos de conquistar lo
conquistado...

Navidad en el Aguán

—¿Ese es tu árbol de navidad?
—Este es mi espíritu de navidad.
—¡Una palma africana, unas bellotas de
aceite!
Y, ¿adónde está la pólvora?

Bang bang bang…
sonaron las balas.
Clash, clash
los cuerpos empezaron a caer.

¡Feliz Navidad! dispara el sicario estatal.
¡Feliz Navidad! reparten la nieve para
inhalar.
¡Feliz Navidad! cae el campesino que
lucha por la tierra en el Aguán.

El niño abre la caja de regalo
¡una pistola para matar!
La madre cierra la caja sin parar de llorar,
¡otro compañero y compañera para
enterrar!

Calle Pitoreta

La otra trinchera es un pedazo de suelo
donde germina la vida a pesar de tanta muerte…
donde emerge la esperanza a pesar de tantas soledades.

Lágrimas de la partida

Llevo días fuera de ti,
lejos del llanto de la madre que lamenta al
hijo caído
enmohecido con el polvo de las nostalgias
y sin las calles agrietadas por la lluvia sin
cauces…

Llevo días pensando en tus palmeras,
en el aceite que producen y en el caldero
donde se fríen los sueños de los pobres.
Llevo la duda de lo indudable
como un peso en la espalda
y la coca de esos cocales que enajena a los
cipotes,
nevándome la conciencia.

Lejos han quedado aquellos días
cuando de tu suelo emergía la mazorca
y de los comales la tortilla,
y todos cosechábamos y todos comíamos
y éramos mientras los otros eran.

Ahora cuento los días para el regreso,
para revertir esos kilómetros que se

interponen y expulsar a los ladrones que te
profanan.
Voy indagando en mi presente,
revisando en mi pasado
y reconstruyéndome el mañana.

Ahora quiero volver a tus polvaredas
a las interminables hectáreas de palma y la
lucha de mis hermanos…
ahora quiero volver a tus utopías,
Aguán de mis luchas
con la esperanza de verter en tus canales
las lágrimas que no vacié en la partida.

Esos del sur que hacen un norte

Tengo unos amigos que cruzaron el río
porque en las aguas de mi pueblo
no podían pescar las suficientes sardinas
para el hambre del día.
Los vi irse con sus atarrayas,
con sus cuerdas para pescar
y los hules con sus máscaras
para ver mejor en las aguas turbias que les
esperan.

Ellos flotaron en las corrientes del río,
en el enorme gusano que se internó en
bosques,
se tragó desiertos y perforó ciudades.
Iban con otros que no tuvieron tanta
suerte y cayeron como frutas maduras
y, como a estas,
el gusano les comió las piernas,
los brazos,
los sueños,
la vida...

Mis amigos ya no huelen las flores de sus
jardines,

olvidaron el sabor de mis mangos
y se mueren lentamente en la esperanza de
volver a la tierra,
a la patria,
a la pitoreta.
Volver a los amigos,
a la familia,
y al hambre acompañada de esta tierra
enmohecida
que es mejor que la saciedad solitaria
de una vida abundante en recuerdos
y vacía de futuros.

Tengo unos amigos en el sur
que sueñan con el norte
y unos del norte que anhelan el
polvoriento pueblo que dejaron en el sur.
Los tengo en el corazón,
en la lucha por la otra patria que me sueño
y en la esperanza de que puedan volver,
un día,
sin que la máquina imperialista
les haya arrancado la nobleza latina.

Tengo unos amigos de La Pitoreta
que andan en otros mundos
sin el ritmo, el calor y el sabor de esta calle
que nos regaló la vida
y nos engendró la libertad como
esperanza.

Los otros

Los he visto andar de faldas y vestidos.
Como cóncavos y convexos
en un mundo que se niega para ellos
pero que los explota
y aprovecha.

Pintados con chanels y otros cosméticos
para darle color a su mundo
que al final es nuestro mundo.
Esos tienen que disfrazar su verdad
porque este mundo de mentiras no los
reconoce.

Viven horarios distintos,
duermen en camas distintas, cuando
pueden,
y desvelan su vida en esquinas distintas,
donde pueden.

Los otros de mi barrio son mujeres en
cuerpos de hombre
y viceversa.
Tienen sueños e ilusiones como todos,
pero para ellos no hay tiempo

ni futuro.
Son hombres en cuerpos de mujer
y viceversa
tienen alegrías y fracasos,
pero no pueden detenerse a vivir sus sentimientos,
porque el mundo que pensó el sistema
no los reconoce
por no estar su sexo en la tabla de
tabulaciones que exigen
la oferta y la demanda.

Los otros son también de la Pitoreta,
aunque no sepamos de sus sueños,
de su vida
y de su sexo.

Los cantores de mi barrio

En mi barrio hay cantores de oficio
y por suplicio.
Hay indios que cantan a la vida que vives
y Vides que cantan por vivir.

Cantan desnudos.
Sin bemoles en la garganta
y sin falsetes en lo cotidiano.
Son cantores de abajo y de al lado.
Que saben vivir para cantar
y no cantar para vivir.

En mi barrio, o sea en la Pitoreta,
hay cantores de oficio y de suplicio.
Hay los que cantan porque cantar es vida
y los que lo hacen para demandar vida.
Pero son cantores
y en su voz que gusta y asusta
se lee la plegaria de un pueblo
que lucha por la patria justa.

Sus cantos son sonatas a la verdad
que en mucho suele ser mentira,

a la justicia que en mi país es injusta
y a la vida que en mis tierras es una odisea.
Son sonatas que se cantan con el alma
y se asientan con los calores de la marcha
donde vivimos en resistencia.

Esos viejos eternos

Los que quedan
van con el paso cansado,
los rostros marcados
y la mirada turbia por el paso implacable
del tiempo.
Unos cuantos ya se adelantaron
y cuando los nombramos
los que quedan no ocultan la nostalgia
por un paso que se vuelve eterno en el
tiempo.

Miro en sus manos las huellas del
machete,
las escobas de malva
y las heridas del sol de la última lavada en
el río.
Yo las miro a ellas y a ellos andar a pasitos
y en la firmeza de sus pisadas
me escribo presentes
y me sueño futuros.

Ellos y ellas le suman a la vida
y a su vida más años que la generación
misma y yo me pierdo en su pasado

con la esperanza de ganarle al tiempo
un rato más a su lado.

Los viejos de La Pitoreta son el canto,
el colorido
y la experiencia acumulada
para que todos aquellos que ahora
empiezan el camino
tengan un suelo firme donde descansar
sus pisadas.

Uno de tres
(Obando, Galdámez y Efrén)

Hay tres jodidos en la Pitoreta
que trazaron caminos individuales
bajo la premisa de tener siempre un cruce
para el encuentro.

Uno forjó con hierro la estructura soñada,
el otro repelló de cemento el hierro
estructurado
y aquel tercero le puso las utopías de la
patria esperada.

Los tres van en las calles agrietadas de esta
Tocoa
saltando de lugar en lugar y sembrando
árboles porque no da para sembrar hijos.

Hay tres en la Pitoreta que son uno desde
hace muchos años.
Desde que las pozas del río, el rugir de las
tripas y las ansias de volar tomaron partida
en sus ilusiones.
Y aunque ahora se escriban kilómetros
entre ellos, siguen cercanos
como en las giras de fin de año y las obras
de teatro sin escenario.

El mejor de la Pitoreta
A Chungo

Sabe de sumas y restas
y aunque la vida a menudo le resta,
él suma por los otros.
Levanta paredes que despiertan sueños
y con esos
va dejando alguna esperanza.

Sabe de la mezcla y los bloques
como del trago
y quisiera saber de milagros
para convertir las inundaciones
de mi pueblo en guaro.
Aun con el pelo largo no es extraño
y aunque viva una encrucijada
no es el crucificado.

El mejor de la Pitoreta deja huellas
como deja paredes y como deja chencas.
Se llama Jesús, ha hecho milagros
con las casas de los otros
se ha tomado todo el vino
y siempre dice sí.
Es el mejor porque a pesar de tanto bien
sigue siendo él,
todavía va con los pies en el suelo
que para él es igual que en el andamio.

Al Tuco de la Pitoreta

Eras el que disparaba,
el que fue a la cárcel,
el que golpeaba,
y al que le tenían miedo.

Eras el que tenía miedo,
el que odiaba los golpes,
el que se moría de susto ante las armas de
fuego,
el que se traumó en la cárcel,
y por eso te empecinabas en demostrar lo
contrario.

Eras el dueño del barrio,
el que daba todo,
el que quitaba lo de otros porque
lo quería para sí
pero, además, el que tenía su barricada
en las calles del barrio.

Eras el Tuco de la Pitoreta
era tu mundo, tu espacio y tus sueños.
Eras la víctima del sistema
que nos prefiere armados a leídos,

que nos construye violentos en vez de con
ternura…
era tu barrio
y el último día no te quedaste en él…

Era tu barrio
eras de nuestro barrio
y, a pesar de muchos, te nos fuiste antes
chavalo…

El juego

¡Dale duro!,
¡corré!, ¡marcá con ganas!…
¡no dejés que se salga!

Y nada salió,
todos los recuerdos siguen vivos
aunque el tiempo y las distancias
hagan mella en nuestras apariencias.

Así se juega en la Pitoreta,
en esa calle de tierra
de donde sale el barro con que se forman
sus hombres y sus mujeres.
Donde descansan las piedras que hacen
callos en los pies
y los preparan para el camino.

Es un juego de fútbol,
pero para los cipotes en la cancha
es el juego de la vida.
Son goles en las porterías,
pero para los jugadores del barrio
son los goles a la adversidad.

Ahí se juega a morir,
se vive a morir
y cuando realmente mueres,
la Pitoreta se encarga de que no se sienta
tu partir…
es el juego…
el sueño de la tierra
que nos deja jugar a pesar de la
adversidad.

Cuándo fue
(Compañera Wendy)

No fue ni ayer, ni es ahora
y lo seguro es que nunca sabré cuándo
fue,
pero el corazón evoluciona
y de cuando en cuando me hace pensar
que acá sigues,
en pie
y con los ojos reventando en miradas que
salen del claustro.

En pie de guerra compañera,
con tu grito estrellándose contra el
pavimento
y perforando las paredes de los humos
lacrimógenos que nos lanzan los guardias
del sistema. Comprándole segundos al
tiempo
y empeñando tu vida para que otros
tengan nuevos días.

No fue ayer que te vi sobre la motocicleta,
ni es ahora que te veré en las calles de las
trabajadoras y trabajadores,

compañeros y compañeras que no se
resignan
y vuelven cada primero de mayo.
Es más, estoy seguro de que no te veré de
nuevo
pero sigo sintiendo la vibra de tu
compromiso imprimiendo energía a estos
pies
que no quieren seguir la ruta libertaria.

No sé cuándo fue compañera Wendy,
seguro no fue ayer, ni será ahora,
pero sigues entre nosotros,
haciéndote en nosotros
con la Honduras que soñaste.

El viajero

El viajero solo toma sus recuerdos,
los empaca entre hojas de plátano,
los mete en el costal y marcha.

Va con ellos porque son tan suyos
que renunciarlos sería particularizarse,
dejar de ser, volverse distinto.
Va con ellos porque ellos son él
y en el tiempo, algunos de ellos, sirven
para alzar vuelo.

Los pone con las tortillas, entre los frijoles
y en las hojas de plátano
para que no pierdan su sabor a tierra.
Para que vayan donde vayan
y anden con quien anden,
nunca pierdan de vista que vienen del
suelo,
de la mezcla de tierra y barro
que generó la última inundación.

El viajero no sabe de ciencias,
no conoce de rutas,
no entiende idiomas,

pero está dispuesto a hablar con el
mundo,
a descubrir el mundo
y en la soltura del andar
acercar los caminos para que desaparezca
la distancia.

No va solo, va con sus recuerdos de tierra
y la garganta gritando,
anunciando que la gran Pachamama
no vive solo en las raíces de la tierra,
va con los recuerdos para que siga
palpitando el corazón limpio,
en el corazón del guerrero que la
defiende.

Qué más creencia que saberse dueño,
pero caminante en una tierra
que llena de motivos para seguir andando.

El trotamundos

No sé de dónde vengo
y menos adónde quiero ir,
sé que salí siguiendo el último rayo de luz
que dispararon tus ojos
y que desde entonces es mi único
horizonte.

Me dicen el trotamundos,
el que va sin saber que viene y si viene,
el dueño de nada y el necesitado de
mucho.
El que ha subido las alturas de Los Andes
con menos que un billete imaginario
y descendió a las honduras con menos que
una partícula de oxígeno.
El que siempre da y nunca tiene,
el que se fue ayer
y no sabe si vendrá mañana.

Sé que en la oscuridad es la luz en tus ojos
la que me presta un poco de orientación.
Que en el gamma de ese brillo intenso
se guían mis pasos,
no por ser la última de las opciones

sino por ser mi elección.
Me dicen el trotamundos
porque la mayoría ha decidido quedarse al
borde del camino
y yo me la juego dándole otro rumbo al
destino.

Soy la huella, el camino, el destino…
la balsa que flota en las turbias aguas del
río; los remos, las manos que lo sujetan
y la playa donde encallan mis aguas
—un tanto dulces—
con la sal en la que se ha convertido mi
mundo.
Soy el trotamundos sin destino seguro
y sin fuerzas suficientes para conseguir lo
que se ha propuesto.
Soy trotamundos feliz,
feliz de saber que siempre va
por lo que quiere y siente.

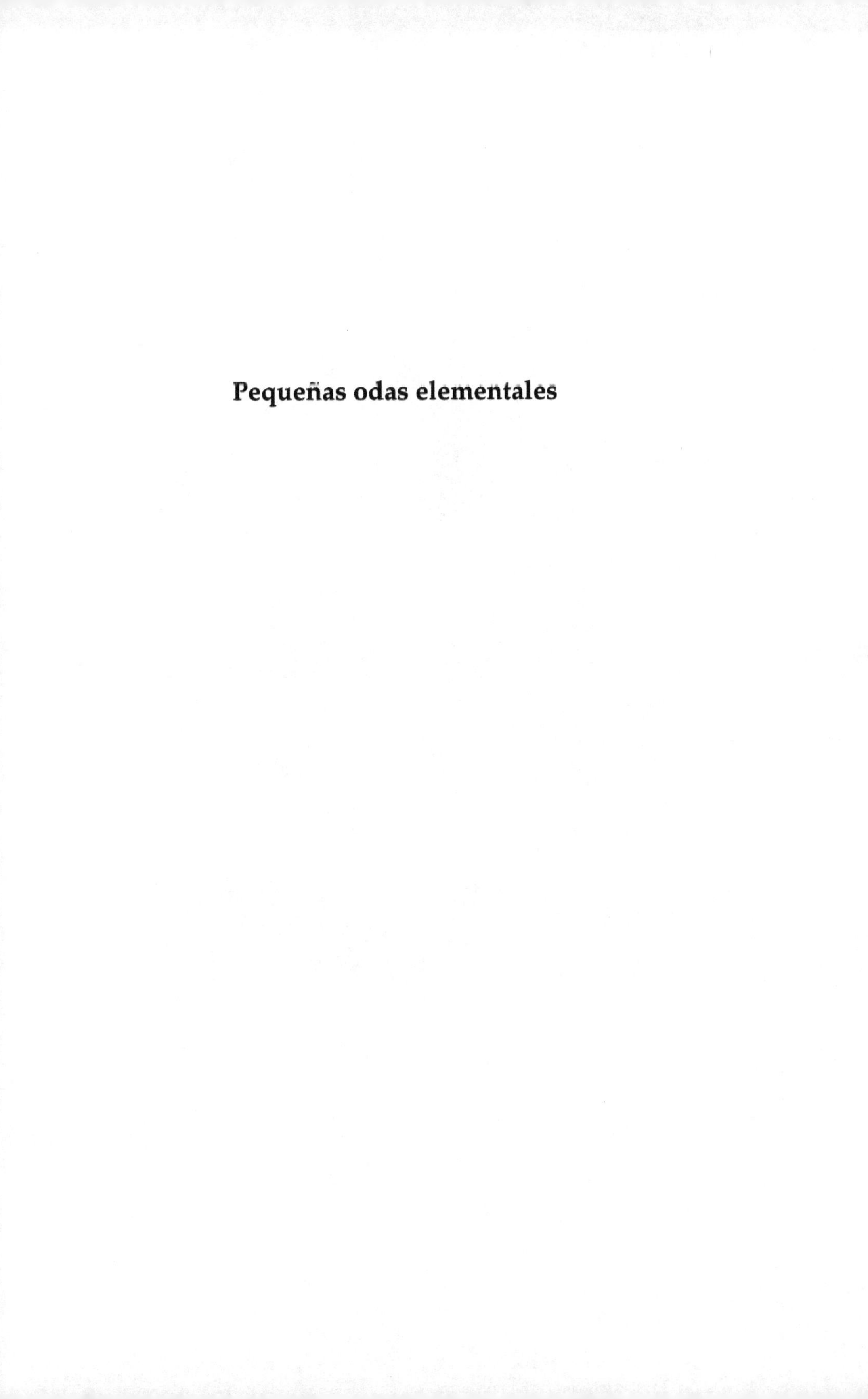

Pequeñas odas elementales

Oda mínima para un Aguán
totalmente libre

Aguanta pueblo,
sé que han de lloverte un día no muy
lejano
flores en vez de balas
y sueños en vez de insomnios.

Que vas a levantar el vuelo
como la guacamaya en La Mosquitia
llena de color y canto,
empecinada y desafiante
sin vientos del norte
y con los aromas del sur.

Yo vi tus calles ayer
cuando no las asfixiaba el asfalto
moderno.
Las vi llenarse de polvo
y polvear de esperanza,
en los otoños furtivos, a los habitantes
que las pisaban.

Yo vi tus calles ayer
cuando no las inundaban ni los inviernos,

ni la coca, ni los políticos, ni los militares,
ni la muerte.
Cuando todos nos hacíamos en la utopía
de la fe
y no sufríamos la avaricia del tirano
Facussé.

Aguanta pueblo,
sé que van a venir a vos naves llenas de
esperanza
y en las palmas que hoy te asesinan
florecerá la vida como en jardines.

Que van a venir a vos con nuevas aguas
en el río
y te nadarán tus hijos actuales,
mis hermanos modernos
y en los prados donde se cultiva la cordura
emergerá la locura que te haga libre.

Que te volverás mazorca en el maizal de
tapisca
volverás como la tortilla que aniquila el
hambre
y sepulta la violencia que ahora te sacude.
Sin más transgénicos, sin químicos
abominables
y sin esa carga de militares indeseables.

Aguanta pueblo,
yo vi tus calles ayer cuando se llenaban de
polvo

y las veo ahora que se llenan de sangre,
de ese polvo blanco que envenena a mi
gente,
de esa sangre que me ahoga la esperanza.
Sé que te volverás libre,
que serás la tierra soñada para todos,
y que no habrá más cuerpos sembrados en
el suelo.

Aguanta pueblo.
No ha de pasar otro solsticio
sin que tus ojos vean la libertad definitiva.

Oda a la palma africana

Viniste cuando menos te necesitábamos
y te quedaste más de lo que esperábamos.
Vos desplazaste a la ancestral Ceiba que se
erguía sobre mis suelos
y sacudiste el maíz que llenaba mis
praderas.

En mis valles crecía la esperanza
con la mazorca y las vainas de los frijoles.
En mis tierras ahora se elevan tus tallos
y se bañan de sangre los suelos de los
agricultores.

¡Oh, palma africana!
ni blanca, ni negra…
roja y ensangrentada.

No sos del Aguán
ni de los campesinos
ni de Honduras, ni de Centroamérica.
Sos de los saqueadores que nos arruinan,
de Facussé y sus asesinos.

Antes de vos se cocía en los fogones la
mazorca,
antes de vos se comía en mis platos la
tortilla.
Ahora vomita la sangre el suelo que es
mío,
ahora se quema en tus infiernos la carne
muerta de mis compañeros.

Yo sabía del verde de tus praderas,
de los venados cola blanca
y las guacamayas sobre tus cielos.
Ahora me quedan barbamarillas en tus callejones
y los cartuchos de los rifles que matan
campesinos.

¡Oh, palma africana!
ni blanca, ni negra…
ni del Aguán
ni hondureña.

¿Por qué viniste? ¿Para qué viniste?
¿Qué te trajo a mis suelos? Para qué
viniste a mis suelos…

De tus tallos emergen las ramas y las
bellotas
y de tus bellotas el coco y el aceite.
Ahora por tus callejones se queman las
avionetas
y emerge la coca de tus cocales…

Vos no tenés la culpa,
vos no sos la dueña de la pena,
vos sos la excusa del que te expulpa,
sos la justificación para quien nos
condena.

¡Oh, palma africana!
ni blanca, ni negra…
Te escribo desde la entrañable tierra de la
Pitoreta,
de donde han salido malayeros,
podadores, fruteros y recolectores.
Te escribo imaginando que me escuchás
y que te tragás a los asesinos que te usan.

Oda al río Tocoa

No hay agua más agua que la que corre
por tus cauces,
río de mis sueños.
En vos flota la esperanza
y nadan los peces de mis sueños...
Con vos vivo desde siempre
y por tus cauces van mis ilusiones a los
mares, al mundo que es tu mundo...
Nuestro mundo.

En vos confabulan las olas,
con las corrientes, con las sonrisas...
con los adultos cansados y los niños sin
dientes...

En tus aguas
se lavaron las desgracias de un pueblo,
flotaron las ilusiones dormidas
y germinaste las áridas tierras que
quedaron cuando los avaros,
los terratenientes, los excluyentes,
nos expulsaron de la vida...

Y nos vimos en tus corrientes,
braceando,
flotando,
sobreviviendo....
Con el sueño iluso de pensar
que con la nueva creciente vendría la
nueva patria...
la que todos soñamos,
la que queremos.

Benditas tus aguas,
benditas las tierras que tus corrientes
humedecen río Tocoa,
río de mi Pitoreta.

Oda mínima para una mujer
que me sueño eterna
A doña Lala

Hay una mujer que le susurra al tiempo
plegarias que someten el calendario,
y se despliega con el viento
buscando la esperanza.

Vive con la fuerza de sus años
la alotropía de los elementos,
consiguiendo ser en todos
y vivir para todos.

Esa mujer se sumerge en el río,
en las aguas turbias de un sistema que la
condena
y desde ahí, a pesar de la corriente,
va lavando en los harapos
los rastros de dolor que nos salpican.

Hay una mujer que le susurra al viento,
y el tiempo en respuesta le aclara el
cabello.

Vive con sus ojos puestos al naciente de
la Pitoreta,

negándose al camino innombrable,
soñando con la nostalgia de algunos
momentos.

Ha visto venir a tantos
de la misma manera que se le fueron,
va descalza sobre el suelo
para evitar que el asfalto la arranque de su
tierra.

Esa mujer se divide como fortuna
y ama plenamente a pesar de la espina.

En sus manos endurecen los callos
y su memoria archiva los recuerdos.
De sus manos bebemos la gloria
y en sus recuerdos florecen historias.

Va con los pies menos rápidos
y con las manos menos diestras...
pero va.
El mundo, según ella, no debe detenerse.

Yo sé de esa mujer porque en los tiempos
pasados
habité sus entrañas,
y ahora en el modernismo que nos abate
le provoco sus migrañas.

Sé de ella en la distancia,
en el tiempo implacable que arremete,

en la soledad de mis días,
y en las alegrías que la nostalgia me
permite.
Sé que va dejando la semilla en el suelo
para que la germine la tierra,
y tirando lágrimas silenciosas
para disipar los veranos que la amenazan.

Dice que no quiere para ella,
que le queda en el alma lo que necesita.

Hay una mujer que emerge del polvo de la
Pitoreta,
que deambula en las calles de Tocoa,
que muere con los compas y comas
que asesina la avaricia de Facussé.

Hay una mujer que lucha con el tiempo,
con el viento y con la marea.
Una que la nombran mujer
y que yo tengo el honor de llamarla mamá.

Hay una mujer que le susurra al tiempo
plegarias que somete el calendario
y se despliega con el viento,
construyéndome la esperanza.